BEI GRIN MACHT SICH IH WISSEN BEZAHLT

- Wir veröffentlichen Ihre Hausarbeit, Bachelor- und Masterarbeit

- Ihr eigenes eBook und Buch - weltweit in allen wichtigen Shops

- Verdienen Sie an jedem Verkauf

Jetzt bei www.GRIN.com hochladen und kostenlos publizieren

Franziska Rascher, Benjamin Haller

Workshop zum Thema "ASP" - Einführung in die Entwicklung dynamischer Webseiten mit ASP (I)

GRIN Verlag

Bibliografische Information der Deutschen Nationalbibliothek:

Die Deutsche Bibliothek verzeichnet diese Publikation in der Deutschen National-
bibliografie; detaillierte bibliografische Daten sind im Internet über http://dnb.d-
nb.de/ abrufbar.

Impressum:

Copyright © 2003 GRIN Verlag GmbH
Druck und Bindung: Books on Demand GmbH, Norderstedt Germany
ISBN: 978-3-638-74689-2

Dieses Buch bei GRIN:

http://www.grin.com/de/e-book/14593/workshop-zum-thema-asp-einfuehrung-in-
die-entwicklung-dynamischer-webseiten

GRIN - Your knowledge has value

Der GRIN Verlag publiziert seit 1998 wissenschaftliche Arbeiten von Studenten, Hochschullehrern und anderen Akademikern als eBook und gedrucktes Buch. Die Verlagswebsite www.grin.com ist die ideale Plattform zur Veröffentlichung von Hausarbeiten, Abschlussarbeiten, wissenschaftlichen Aufsätzen, Dissertationen und Fachbüchern.

Besuchen Sie uns im Internet:

http://www.grin.com/

http://www.facebook.com/grincom

http://www.twitter.com/grin_com

ASP - Einführung in die Entwicklung dynamischer Webseiten mit ASP (I)

von

Franzi Roth

WORKSHOP

Thema: ASP (I)

Einführung in die Entwicklung dynamischer Webseiten mit ASP (I)

Studienschwerpunkt Organisation und
Wirtschaftsinformatik
Fallstudien (Gruppe B)
SS 2003

**Georg-Simon-Ohm
Fachhochschule Nürnberg
Fachbereich Betriebswirtschaft**

Team 5:   Benjamin Haller
Stefan Lengerer
Franziska Roth
Victor Weißenburger

Erstellt von: Benjamin Haller
Franziska Roth

Inhaltsverzeichnis

1 Kurze Einführung: Active Server Pages (ASP)

Ursprünglich war das World Wide Web durch statisch miteinander verlinkten Seiten definiert und diente der reinen Informationsvermittlung. Realisiert wurde dies durch das Hypertext Transfer Protocol (HTTP) als Protokoll zwischen Webserver und Browser. Durch das Protokoll forderte der Browser vom Server eine bestimmte Seite, geschrieben in der Hypertext Markup Language (HTML).

Neben der reinen Informationsvermittlung sind die Anforderungen an das Web mittlerweile gestiegen. Der Webnutzer soll interaktiv einbezogen werden. Um dies zu ermöglichen, gibt es neben verschiedenen Möglichkeiten, gerade im Hinblick auf den Zugriff auf Datenbanken, das von Microsoft entwickelte ASP.

Active Server Pages (ASP) ist eine Umgebung für Server-Side-Skripting. Sie erlauben die Ausführung von Skripten auf der Serverseite und generieren das Ergebnis eingebunden in eine HTML-Seite. Es sind also HTML-Kenntnisse, zumindest in dem Umfang, wie sie in der Webseite gewünscht werden, nötig.

Durch ASP können Skripten wie VBScript (Microsoft Visual Basic Scripting Edition), JScript (Microsofts JavaScripts-Version) oder PerlScript auf dem Server direkt ausgeführt und sind somit größtenteils ungebunden an die technischen Gegebenheiten beim Webnutzer. Skriptsprachen sind gekennzeichnet durch eine vereinfachte Struktur, ohne maschinennahe Befehle, einer expliziten Speicherverwaltung und direkten Zugriffsmöglichkeiten auf die Hardware. Den Anforderungen gemäß und zur Vereinfachung, wird im Folgenden auf die Einbindung von VBScript eingegangen.

2 Die ASP-Datei

Eine ASP-Datei wird einfach dadurch erstellt, dass sie die Endung *.asp* hat. Sie wird erstellt und behandelt wie eine HTML-Datei.

Wenn von einem Browser eine HTML-Datei angefordert wird, kümmert sich der Server nicht um den Inhalt dieser Datei und sendet sie, wie sie ist, an den Browser. Handelt es sich hingegen um eine ASP-Datei, wird die Datei erst vom Server verarbeitet. Der Server interpretiert und verarbeitet jedes Skript und sendet dann das Ergebnis an den Browser des Benutzers.

Workshop ASP I

2.1 Einbindung von Skripten in eine ASP-Datei

Es wird zur Vereinfachung nur auf die Einbindung von VBScript in eine ASP-Datei eingegangen!

Eine HTML-Seite hat normalerweise folgende Struktur:

```
<HTML>
<HEAD>
<TITLE>Das ist der Titel</TITLE>
</HEAD>
<BODY>
Das ist der Text
</BODY>
</HTML>
```

Da es sich bei einer ASP-Datei eigentlich um ein HTML-Dokument handelt, wird ein Skript, das dort eingefügt wird besonders durch die HTML-typischen Klammern und dem Prozentzeichen gekennzeichnet:

```
<% Skript %>
```

ASP-Skripten können überall, im HEAD- und im BODY-Teil, stehen. Alle Befehle im HEAD-Teil werden allerdings im Browser nicht angezeigt. Es macht aber manchmal Sinn, Teile der Skripten vor Aufbau der Seite ausführen zu lassen.

Hinweis zum Programmieren:
Da Skripten mit <% beginnen und mit %> enden, kann es zu Fehlinterpretationen in ASP-Dateien kommen. Beispiel: <HR WIDTH=100%>
Darum sollten Angaben in HTML-Dokumenten, die mit der Syntax von Skriptelementen in ASP-Dateien verwechselt werden können, besser in Anführungszeichen gesetzt werden:
<HR WIDTH="100%">

2.2 Einführung in VBScript

2.2.1 Grundsätzliches

VBScript achtet nicht auf Groß- und Kleinschreibung. Es ist also für den Server unerheblich, ob z. B. ein Variablenname oder ein Befehl groß, klein oder gemischt geschrieben wird, er versteht alle Schreibweisen gleich (Bsp.: "VARIABLE" = "variable" = "Variable").

2.2.2 Kommentare

In VBScript können Kommentare durch REM oder Apostroph eingefügt werden. Der Vorteil von Kommentaren innerhalb von VBScript ist, dass sie automatisch von ASP beim Senden an den Browser unterdrückt und somit nicht angezeigt werden.

```
<%
REM stammt aus der ursprünglichen BASIC-Syntax und steht für remark
' um es sich einfacher zu machen kann man aber auch
' das Apostroph am Anfang der Kommentarzeile verwenden
%>
```

2.2.3 Variablen

Variablen müssen nicht am Anfang des Skripts explizit deklariert werden. Sie können einfach durch ein Gleichheitszeichen mit einem Wert definiert werden.

```
B = 500
Counter = 1
name = "Schumacher"
```

Auf der rechten Seite kann jeder beliebige Ausdruck stehen, auch mathematische Funktionen oder Zeichenkettenoperatoren.

```
A = C + 400
Counter = Counter + 1
```

```
name = "Michael " & name
```

Variablen werden bei Ausgaben auf dem Bildschirm und auf der rechten Seite eines Ausdrucks durch ihren Inhalt ersetzt.

2.2.4 Beispiel mathematische Funktion

```
<HTML>
<HEAD>
<TITLE>Berechnung</TITLE>
</HEAD>
<BODY>
<%
a=1
b=4
summe=a+b
%>
a + b = <% =summe %>


</BODY>
</HTML>
```

2.2.5 Beispiel Zeit und Datum

Mit VBScript ist es möglich, die aktuelle Zeit und das aktuelle Datum auszugeben. Zu beachten dabei ist allerdings, dass sich die aktuelle Zeit / Datum auf den Server beziehen! Deshalb macht es wenig Sinn, diese Angabe zur Begrüßung zu benutzen, denn der Nutzer könnte sich in einer anderen Zeitzone befinden.

```
Es ist jetzt genau: <% = NOW %>
```

oder um Datum und Zeit getrennt anzuzeigen:

```
Heute ist der <% = DATE %>
Und es ist: <% = TIME %>
```

2.3 Objekte und Komponenten in ASP-Dateien

Active Server Pages beinhalten nicht nur Scripts, sondern auch Objekte und Komponenten. Durch vorbereitete Komponenten sollen standardisierte Aufgaben mittels der Erzeugung eines Objektes bewältigt werden. Es gibt zwei Arten von Komponenten: eingebaute Objekte und installierbare Objekte.

Eine Auswahl von eingebauten ASP-Objekten soll hier kurz beschrieben werden:

Request   fordert Informationen vom Browser an bzw. enthält die Informationen, die von
              einem HTML-Formular übertragen wurden.

Response   sendet Informationen zum Browser, vor allem zur direkten Ausgabe von Text
              aus VBScript heraus.

Server   steuert die ASP-Umgebung und ermöglicht die Verwendung vieler nützlicher
              Funktionen auf dem Server.

Session   speichert Informationen über die aktuelle Sitzung mittels Cookies.

Application   beinhaltet Informationen, die unter allen Benutzern einer ASP-Anwendung
              verteilt werden können. Damit wird die Interaktion zwischen gleichzeitig
              präsenten Nutzern einer Webseite möglich.

In VBScript werden die in den Objekten enthaltenen Methoden durch die Punktschreibweise aufgerufen:

```
Objekt.Methode parameter
```

Beispiel: Ausgabe von Text

```
<HTML>
<HEAD><TITLE>Textausgabe</TITLE></HEAD>
<BODY>
<%
Response.Write "Dieser Text wird unmittelbar innerhalb des HTML-Dokumentes
angezeigt!"
%>
</BODY>
</HTML>
```

Eine mitgelieferte Komponente, auf die später noch eingegangen wird, ist das ActiveX-Data-Object (ADO). Es bietet die gesamte Funktionalität des Zugriffs auf Datenbanken.

3   Datenbankanbindung

Ziel ist es, eine in MS Access erstellte Datenbank an das Internet anzubinden. Das heißt, die Active Server Pages sollen die Datenbank finden und identifizieren sowie die Verbindung zur Datenbank herstellen können. Programme, die Informationen von einer Webanwendung an eine Datenbank übergeben, verwenden einen Datenquellnamen (Data Source Name = DSN), um den Speicherort einer bestimmten, ODBC[1]-kompatiblen Datenbank zu ermitteln und die Datenbank zu identifizieren.

3.1   Konfiguration

Bevor überhaupt mit ASP gearbeitet werden kann, muss serverseitig dem System die verwendete Datenbank unter einem Datenquellnamen (DSN) bekannt gegeben werden. Das lässt sich über die Windows-Systemsteuerung realisieren. Als Datenquelle dient in diesem Beispiel die unter Access erstelle Datenbank „seminare". Dabei wird nur die erzeugt MDB-Datei benötigt.

---

[1] Open DataBase Connectivity: Von Microsoft entwickelter Standard (Treibersystem) für Zugriffe auf unterschiedliche Datenbanksysteme (herstellerunabhängig)

Workshop ASP I

→ Öffnen der Systemsteuerung über das Windows-Menü Start

→ Doppelklick auf das Symbol ODBC-Datenquellen (siehe Pfeil)

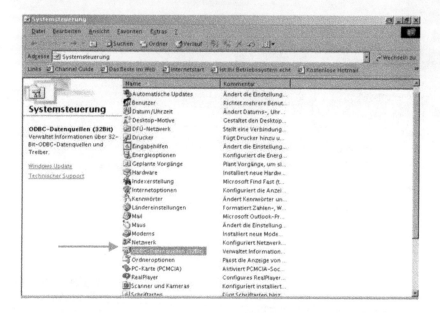

→ Auswahl des Registers „System-DSN"

→ Klick auf Hinzufügen

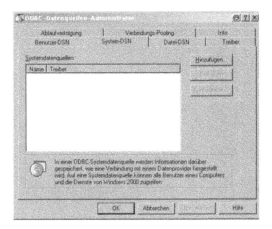

→Auswahl des Microsoft Access-Treibers aus dem Listenfeld (siehe Pfeil)

→ Klick auf Fertig stellen

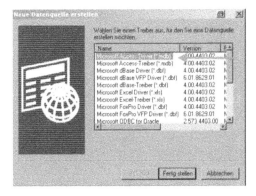

→ Namen und Beschreibung der Access-Datenbank eingeben

→ Tipp: DSN-Namen analog dem Dateinamen wählen

→ Klick auf Auswählen (siehe Pfeil)

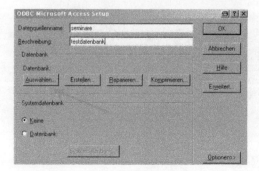

→ Bestehende Datenbank auswählen

→ Klick auf OK

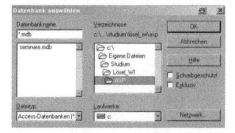

→ Pfad der ausgewählten Datenbank erscheint (siehe Pfeil)

→Klick auf OK

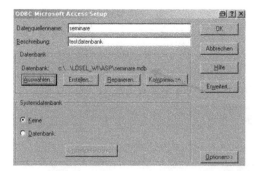

Workshop ASP I

→ ODBC-Anbindung ist fertig konfiguriert

3.2 ActiveX Data-Objekte

Die von Microsoft entwickelten Active Server Pages (ASP) besitzen eine leistungsfähige ActiveX-Komponente, die es dem Entwickler ermöglicht, komfortabel auf Datenbanken im Internet zuzugreifen. Über ActiveX Data-Objekte (ADO) wird der Zugriff auf ODBC-Datenbanken direkt aus dem VB-Script heraus ermöglicht.

ASP-Code wird einfach als Script (VBScript) in bestehende HTML-Seiten eingefügt und bei einer Anfrage seitens des Clients vom Webserver ausgeführt. Innerhalb des Scripts lässt sich ADO verwenden.

ADO ist objektorientiert und verfügt über verschiedene programmierbare Objekte, die für die Arbeit mit Datenbanken wichtig sind. Neben der Nutzung von Objekten wird ADO mit einer Mischung aus SQL-Abfragen und VBScript-Code kombiniert. VBScript ist die Standardskriptsprache in ASP.

Die Komplexität ist enorm und nicht jede Methode hat einen konsequenten und konsistenten Stil in der Wahl der Syntax. Die Verfassern erhebt keinen Anspruch auf Vollständigkeit, denn das wäre für die Leser eher verwirrend. Statt dessen sollen im Folgenden mit dem *Connection-Objekt*, dem *Recordset-Objekt* und dem *Command-Objekt* die wichtigsten Objekte herausgegriffen und genauer erläutert werden.

Objekte in ADO:

Objekt-Name	Beschreibung
Connection	Direkte Verbindung zu einem Datenbankserver
Command	Anfrage, die dem Server gestellt wird
Recordset	Ergebnis der Anfrage mit allen Daten
Fields	Kollektion aus mehreren Field-Objekten
Field	Individuelles Field-Objekt
Properties	Kollektion aus mehreren Property-Objekten
Property	Individuelles erweitertes Property-Objekt
Parameters	Kollektion aus mehreren Parametern
Parameter	Individuelles Command-Parameter-Objekt
Errors	Kollektion aus mehreren Error-Objekten
Error	Individueller Fehler

3.2.1 Datenbankverbindung mit dem Connection-Objekt im HTML-Code

→ Das *Connection* Objekt muss zunächst erstellt werden, um die DB
   anzusprechen (dbcon)

    →Es wird ein neues ADOB.Connection Objekt erzeugt

    →Anweisung SET stellt sicher, dass ein Verweis und keine Kopie auf das
   Objekt erzeugt wird

→ Danach kann die Methode *Open* zum Einsatz kommen

→Schließen der Access-Datenbankverbindung über die Methode Close

```
(Allgemein)                                    (Deklarationen)

    <%

    'Erstellen des Connection-Objektes
    Set dbcon = server.CreativeObject("ADOB.Connection")

    'Öffnen einer Verbindung, die Zeichenfolge verweist auf den DSN
    dbcon.Open "DSN=seminare.mdb"

    'Schließen der Verbindung
    dbcon.Close

    %>
    |
```

Workshop ASP I

ASP-Aufrufe stehen innerhalb der Markierungen <% und %>.

Die DSN-Zeichenfolge darf keine Leerzeichen enthalten – weder vor noch nach dem Gleichheitszeichen. Im oben aufgeführten Beispiel verweist die *Open*-Methode des *Connection*-Objektes auf den DSN „seminare", der den Speicherort und Informationen zur Konfiguration der Access-Datenbank enthält.

Neben *Open* und *Close* besitzt das *Connection*-Objekt vier weitere Methoden, welche für Transaktionen zuständig sind und im wesentlichen den gängigen Standards der Datenbanksysteme angeglichen sind:

→*BeginTrans*

 Einleitung einer Transaktion (update, delete...)

→*RollbackTrans*

 Alle Kommandos seit Beginn der Transaktion werden rückgängig gemacht.

→CommitTrans

 Beendet eine Transaktion – erst dadurch werden alle Kommandos tatsächlich auf der Datenbank ausgeführt.

→*Execute*

 Sendet Befehle an die Datenbank oder empfängt Informationen von dort.

Möchte man eine Datenbank nur auslesen, ist von den Transaktionsmethoden nur *Execute* von Interesse.

Workshop ASP I

Execute kann folgendermaßen aufgerufen werden:

```
<%
'Herstellen einer Verbindung zur Datenquelle
Set dbcon = Server.CreateObject("ADODB.Connection")
dbcon.Open "seminare"

'Initialisieren des Recordset-Objektes
'Ergibt alle Felder der Tabelle sprecher einer DB durch Ausführung der SQL-Anweisung
Set rs = dbcon.Execute("SELECT * FROM sprecher")
%>
```

3.2.2 Das Recordset-Objekt zum Bearbeiten von Ergebnissen

In Verbindung mit dem Schlüsselwort *SET* (siehe Beispiel oben) und der Zuweisung an die Variable *rs* erzeugt *Execute* ein *Recordset*-Objekt, in dem die Ergebnisse der Anfrage gespeichert werden. Diese Syntax sollte verwendet werden, wenn man ein zeilenweise organisiertes Ergebnis einer *SELECT*-Anweisung erwartet.

```
(Allgemein)                           (Deklarationen)

<%

'Erstellen des Connection-Objektes und Herstellen einer Verbindung
'zur Datenquelle
Set dbcon = server.CreativeObject("ADOB.Connection")
dbcon.Open "DSN=seminare.mdb"

'Initialisieren eines Recordset-Objektes
'ergibt hier alle Felder der Tabelle "sprecher" aus der
'Datenbank "seminare" durch Ausführung der entsprechenden SQL-Anweisung
Set rs = dbcon.Execute("Select * from sprecher")

'Recordset auswerten, bis das Ende der Tabelle erreicht ist
Do Until rs.EOF

    'Ausgabe des Datenfeldinhaltes von feld1 in HTML-Text
    Response.Write rs("feld1")

    'in nächste Zeile der Datenbanktabelle (=nächster Datensatz)
    rs.MoveNext
Loop

%>
```

Workshop ASP I

Das Recordset-Objekt verfügt über Funktionsmerkmale, um eine Gruppe von Datenbankzeilen oder Datensätzen abrufen und anzeigen zu können. Das Recordset-Objekt behält die Position jedes Datensatzes bei, der durch eine Abfrage zurückgegeben wird. Damit können die Ergebnisse Element für Element verarbeitet bzw. angezeigt werden. ADO liefert also die Ergebnisse einer Anfrage in Form eines *Recordsets* zurück. Die in der Variablen rs enthaltenen Daten können zum Beispiel in Schleifen weiter verarbeitet werden. Datenbankanwendungen verwenden beide Objekte: das Connection-Objekt zum Herstellen einer Verbindung und das Recordset-Objekt zum Bearbeiten der zurückgegebenen Daten.

Die Eigenschaft *EOF* des *Recordsets* steht auf *true*, wenn keine weiteren Datensätze folgen und auf *false*, wenn das Ende erreicht worden ist.

Um auf die von der SQL-Anweisung ins *Recordset* gelieferten Daten zugreifen zu können, wird einfach

```
rs("<feldname>")
```

verwendet, wobei *<feldname>* für das aus der gelieferten virtuellen Tabelle gewünschte Feld steht.

3.2.3 Das Command-Objekt

ASP behandelt jedes an die Datenbank übergebene Kommando in Form eines *Command-Objekts*. Seine wichtigsten Eigenschaften können Tabellennamen, gespeicherte Prozeduraufrufe oder SQL-Anweisungen sein.

3.3 Datenbankabfragen über SQL

Bei einer Abfrage erfolgt die Auswahl bestimmter Datensätze aus einer Tabelle. Die Abfrage wird in SQL (Structures Query Language) definiert, wobei man entscheiden kann, was und wie man abfragen will.

3.3.1 Initialisierung der Abfrage

```
'Initialisieren des Recordset-Objektes
'Ergibt alle Felder der Tabelle sprecher einer DB durch Ausführung der SQL-Anweisung
Set rs = dbcon.Execute("SELECT * FROM sprecher")
```

3.3.2 Ausgabe des Abfrageergebnisses

Die Ausgabe des Abfrageergebnisses in HTML-Text erfolgt mit Hilfe des „Response.Write"-Befehls.

```
'Ausgabe des Datenfeldinhaltes von Feld1 in HTML-Text
Response.Write rs("feld1")
```

Da die Ausgabe der Datenbankfelder ohne Trennzeichen (auch ohne Leerzeichen) erfolgt, sollte zur besseren Übersichtlichkeit ein entsprechendes Trennzeichen oder ein HTML-Tag mit ausgegeben werden.

```
Response.Write ("<br>")           'Zeilenumbruch
Response.Write ("Trennzeichen")   'beliebiges Trennzeichen
Response.Write ("<p>")            'neuer Absatz
```

3.3.3 Kriterien

Dabei handelt es sich um Angaben in einem SQL-String, die erfüllt sein müssen, damit der Datensatz gefiltert wird, wie zum Beispiel die Suche nach Mitarbeitern, die eine bestimmte Postleitzahl haben.

Angaben zur Tabelle, die abgefragt werden soll, **müssen** gemacht werden.

Auswahlkriterien können angegeben werden.

Workshop ASP I

3.3.4 Sortierung

Abfragen lassen sich nach bestimmten Felder sortieren. Standardmäßig werden die Datensätze in der Reihenfolge ihres Auftretens in der Tabelle ausgegeben. Das heißt, dass eine eventuell eingestellte Sortierung in der Datenbank automatisch übernommen wird. Durch Anhängen des Zusatzes *ORDER BY [Feldname]* an den SQL-String kann man eine neue Sortierung erzwingen. Diese kann dann entweder aufsteigend (Standard-*ASC*) oder absteigend (*DESC*) erfolgen. Als Sortierkriterium können alle Felder einer Tabelle benutzt werden.

3.3.5 SQL-Strings

Ein Select-Statement hat mindestens den folgenden Aufbau:

SELECT <spalte> FROM <Tabelle>

Die Select-Klausel dient der Auswahl, welche Spalten zurückgegeben werden sollen. Will man mehrere Spalten selektieren, trennt man die einzelnen Spaltennamen mit einem Komma. In der From-Klausel gibt man eine oder mehrere Tabellen an, die die im SQL-Statement verwendeten Spalten enthalten. Will man mehrere Spalten angeben, muss man diese ebenfalls durch ein Komma trennen und diese Tabellen miteinander verknüpfen. (sogenannter JOIN)

SELECT * FROM <Tabelle>
    Alle Spalten einer Tabelle (und damit alle Datensätze) werden ausgelesen.

SELECT * FROM [Tabelle] WHERE [Tabellenspalte] = 'Kriterium'
    Alle Datensätze, die dem Kriterium genau entsprechen.
    Beachte: Alphanumerische Spalten in Hochkommata einschließen
             Numerische Spalten ohne Hochkommata
    Will man mehrere Einschränkungen in der WHERE-Klausel angeben, muss
    man die einzelnen Vergleiche mit den Schlüsselwörtern *AND* or *OR*
    verbinden. (AND: Jede Bedingung muss erfüllt sein. OR: Nur eine der
    Bedingungen muss erfüllt sein.)
    Weitere Vergleichsoperatoren: < > <= >=

SELECT [Tabellenspalte] FROM [Tabelle] WHERE [Tabellenspalte] = 'Kriterium'

Auswahl der angegebenen Tabellenspalte

Alphanumerische Abfragekriterien in Hochkommata einschließen

SELECT * FROM [Tabelle] WHERE [Tabellenspalte] Like '%Kriterium%'

Mit dem Like-Operator kann man eine Volltextsuche innerhalb einer

Tabellenspalte durchführen

Vergleich, ob ein Teilstring innerhalb einer Tabellenspalte vorkommt

Prozentzeichen (Platzhalterzeichen) bewirken, dass der Text am Anfang, in der Mitte

oder am Ende des Feldinhaltes gesucht wird.

Fulltable-Scan: Alle Datensätze der Tabelle werden durchlaufen – zeitaufwändig!!

SELECT * FROM [Tabelle] WHERE [Tabellenspalte] Like 'Kriterium%'

Vergleich, ob Teilstring innerhalb einer Tabellenspalte am Anfang vorkommt.

SELECT * FROM [Tabelle] ORDER BY [Tabellenspalte]

Alle Datensätze der Tabelle werden aufsteigend nach Tabellenspalten sortiert.

Die Order-Klausel ist optional (muss nicht angegeben werden).

Wenn keine Angabe erfolgt, wird immer aufsteigend sortiert.

SELECT * FROM [Tabelle] ORDER BY [Tabellenspalte] DESC

Alle Datensätze der Tabelle absteigend nach Tabellenspalten sortiert.

Will man mehrere Spalten sortieren, muss man diese wiederum durch ein Komma trennen.
Man sollte allerdings dabei beachten, dass die Sortierung verschachtelt wird.

Abschluss

Diese kurz gehaltene Einführung in die Programmierung mit ASP zeigt, dass ADO dem Entwickler durch sein durchgehend objektorientiertes Konzept eine ungeheure Vielfalt an Möglichkeit bietet.

Dennoch muss gesagt werden, dass allein die Kenntnis von ADO nicht ausreicht, um sinnvolle und benutzerfreundliche Anwendungen zu entwickeln. Benötigt werden daneben vor allem SQL-Kenntnisse, gutes Datenbankdesign, HTML-Kenntnisse und kundenorientiertes Arbeiten.

Workshop ASP I

Die aktuelle Situation im Internet verdeutlicht, dass die Integration von Datenbanken immer größeres Interesse findet. Die Anwendungsszenarien sind dabei riesig: Von der Fahrplanauskunft über Börsendaten, Unternehmensdatenbanken, Einkaufsmöglichkeiten (electronic commerce) bis hin zu speziellen Anwendungen ist nahezu alles möglich.

Die nötigen Grundkenntnisse hat dieses Referat hoffentlich vermitteln können.

Literaturverzeichnis

Jörg Krause, Microsoft Active Server Pages, Addison-Wesley-Verlag, 1998

Stefan Falz, Karsten Samaschke, Das ASP-Codebook, Addison Wesley Verlag, 2002

Internetquellen: http://www.InformIT.de

http://www.hacke.net/asp

http://www.asphelper.de

Anhang

Beispieldatenquelle:

Access-Datenbank seminare.mdb

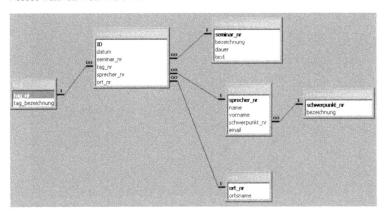